क्यों हीरू हुआ हैरान

लेखन देवाशीष मखीजा
चित्र टीया जेम्स

Tulika

मम्मा के लिए, जो ज़िन्दगी भर रहीं हरदम हैरान, और उनकी बदौलत, अब मैं भी
और पप्पा के लिए, जिन के किसी न किसी जेब में मेरे हर सवाल का जवाब छिपा रखा था

– देवाशीष

Kyon Heeroo hua hairaan (Hindi)

ISBN 978-93-5046-052-8

First published in India, 2011

Originally in English

Published by
Tulika Publishers, 24/1 Ganapathy Colony Third Street, Teynampet, Chennai 600 018, India
email tulikabooks@vsnl.com *website* www.tulikabooks.com

Printed and bound by
Lokavani Southern Printers Pvt. Ltd, 122 Greams Road, Chennai 600 006, India

इस बड़ी दुनिया से हो कर हैरान,
छोटे हीरु ने पूछी कुछ बात।

क्या रात

दिन के

पहले होती है?

या दिन

पहले और

बाद में रात?

मैं उलटा खड़ा जब हो सकता हूँ,

तो क्यों सीलिंग पे चल नहीं सकता?

अरे नींद नहीं आती सुला देते हो,

जब सोना है, कहते हो जग जा!

सिर्फ़ मम्मा के पेट में बच्चा क्यों हो?

क्यों पप्पा नहीं कर सकते यह काम?

अगर लाल पे रुकूँ
और हरे पे चलूँ,
भाई नीले बेचारे का फिर क्या काम?

सवाल पे सवाल से चक्राता हीरू एक सपने में खो गया, हैरान!

जहाँ सूरज को वो बोला,

तू रात को निकल!

धरती को बोला,

तू बन जा आसमान!

फिर ना अंदर ना बाहर ना ऊपर ना नीचे,
ना बाएँ ना दाएँ ना हरा, लाल, नीला।

हैरान इस दुनिया को हीरु ने हुक्म दी,
जो-जो मैं बोला ना? वो-वो मत करना!

अचानक से सुन के

हैरानी की यह बात,

सूरज ने चक्कर खा चंदा से . . .

. . . टक्कर खाने लगा दिन-रात!

ऊपर और नीचे हो गए अदल-बदल, अंदर चला बाहर, सब हुआ उथल-पुथल।

दाएँ गया बाएँ और बाएँ दाहिने की ओर, गोल-गोल घूम उठे सब, झूम उठा तब शोर!

सटाक से

हीरु फिर जाग उठ बैठा,

छोड़ के सपना अपना मस्त कलंदर।

चंदा से बोला,

अब समझूँ ये

हीरुगिरी है सब

मैरे सर के अंदर!

सिर के अंदर इस दुनिया पर था हीरू का राज,
जब चाहे उलटा दे सकता, कह कर कल को आज!
हँसता हुआ फिर सो गया हीरू,
हैरानी को छोड़, सपनों पर सवार।

है डींगू जैसों की कमी दुनिया में, जो एक और एक जोड़ के भी लाते हैं भैय्या चार!